Impressum
Verlag: BABADADA GmbH, Nedderfeld 112 , 22529 Hamburg
Geschäftsführer / Verlagsleitung: Harald Hof
Druck: Books on Demand GmbH, In de Tarpen 42, 22848 Norderstedt

Imprint
Publisher: BABADADA GmbH, Nedderfeld 112 , 22529 Hamburg, Germany
Managing Director / Publishing direction: Harald Hof
Print: Books on Demand GmbH, In de Tarpen 42, 22848 Norderstedt, Germany

skola

school

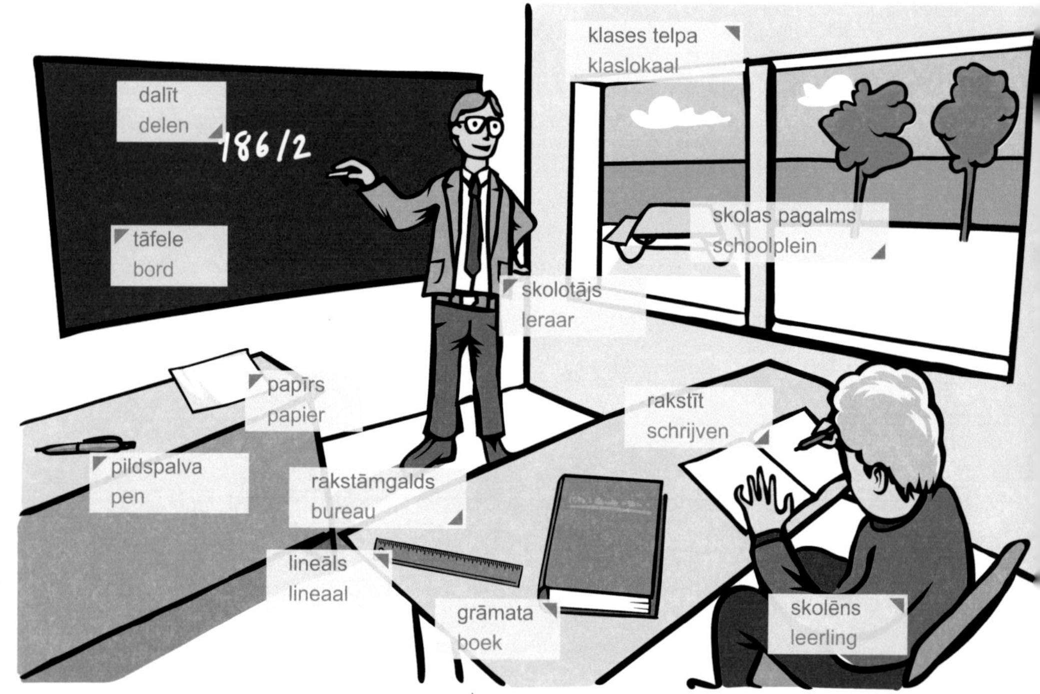

klases telpa
klaslokaal
dalīt
delen
186/2
tāfele
bord
skolas pagalms
schoolplein
skolotājs
leraar
papīrs
papier
rakstīt
schrijven
pildspalva
pen
rakstāmgalds
bureau
lineāls
lineaal
grāmata
boek
skolēns
leerling

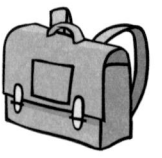

skolas soma
schooltas

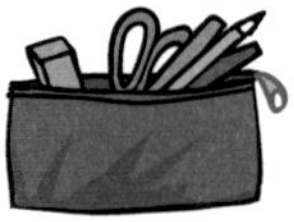

penālis
etui

zīmulis
potlood

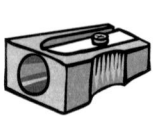

zīmuļu asināmais
puntenslijper

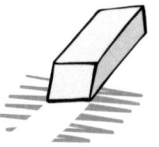

dzēšgumija
gum

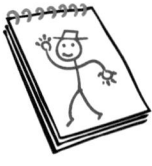

zīmēšanas bloks
schetsblok

zīmējums
tekening

ota
penseel

krāsas
verfdoos

šķēres
schaar

līme
lijm

darba burtnīca
schrift

mājas darbs
huiswerk

12

skaitlis
getal

2+2

saskaitīt
optellen

5-2

atņemt
aftrekken

2×2

reizināt
vermenigvuldigen

rēķināt
rekenen

A

burts
letter

ABCDEFG
HIJKLMN
OPQRSTU
VWXYZ

alfabēts
alfabet

vārds
woord

teksts
tekst

lasīt
lezen

krīts
krijt

mācību stunda
les

žurnāls
klassenboek

eksāmens
examen

liecība
diploma

skolas forma
schooluniform

izglītība
opleiding

enciklopēdija
encyclopedie

universitāte
universiteit

mikroskops
microscoop

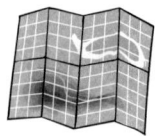

karte
kaart

papīrgrozs
prullenmand

ceļojums

reis

Grand
viesnīca
hotel
hostelis
hostel
ROOMS
valūtas maiņas punkts
wisselkantoor
čemodāns
koffer
automašīna
auto

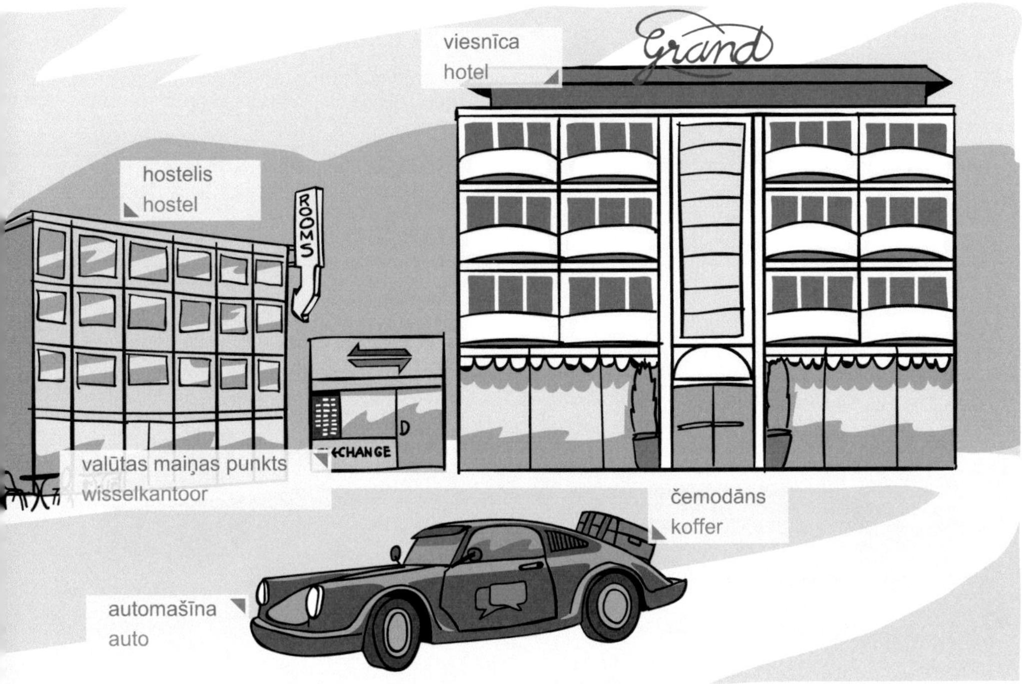

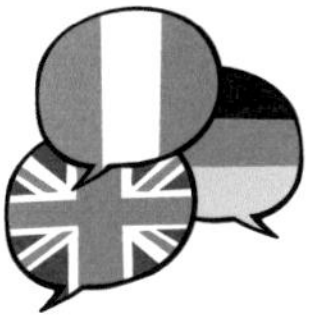

Valoda

taal

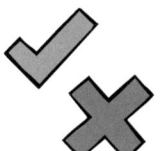

jā / nē

ja / nee

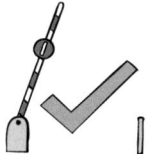

Okay

oké

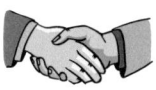

Sveiki!

Hallo!

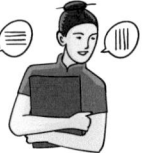

tulks

tolk

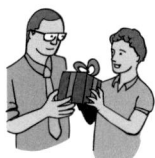

paldies

Bedankt.

Cik maksā…?

Wat kost …?

Es nesaprotu

Ik begrijp het niet.

problēma

probleem

Labvakar!

Goedenavond!

Labrīt!

Goedemorgen!

Ar labu nakti!

Goedenacht!

Uz redzēšanos

Tot ziens!

virziens

richting

bagāža

bagage

soma

tas

mugursoma

rugzak

viesis

gast

istaba

kamer

guļammaiss

slaapzak

telts

tent

tūrisma informācija

VVV-kantoor

pludmale

strand

kredītkarte

creditkaart

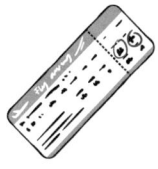

brokastis

ontbijt

pusdienas

lunch

vakariņas

diner

biļete

kaartje

lifts

lift

pastmarka

postzegel

robeža

grens

muita

douane

vēstniecība

ambassade

vīza

visum

pase

paspoort

transports
transport

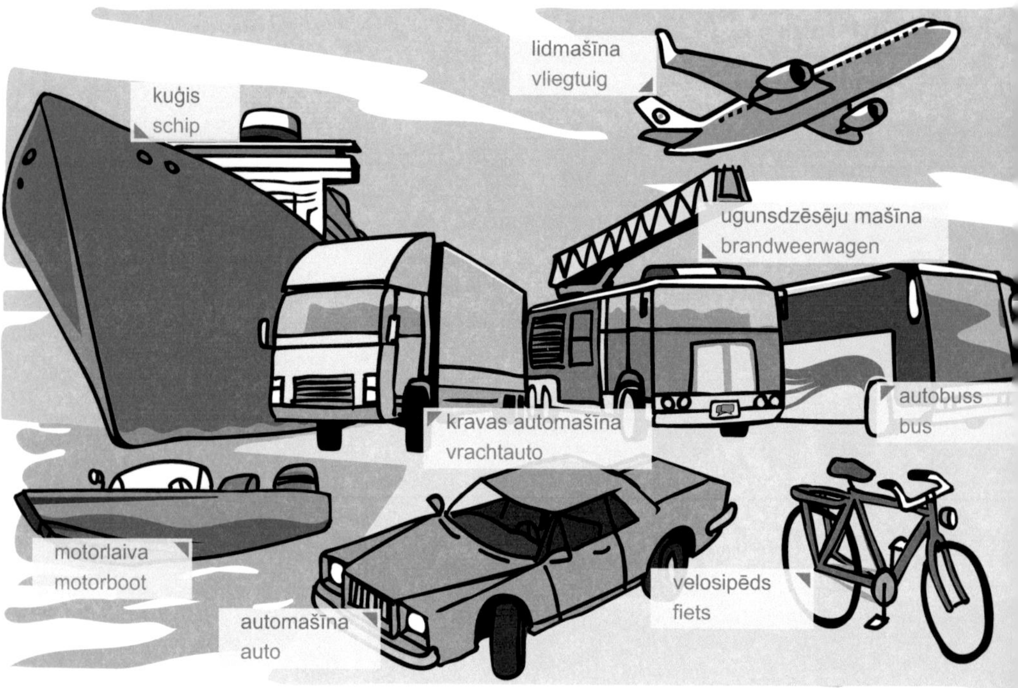
lidmašīna
vliegtuig
kuģis
schip
ugunsdzēsēju mašīna
brandweerwagen
autobuss
bus
kravas automašīna
vrachtauto
motorlaiva
motorboot
velosipēds
fiets
automašīna
auto

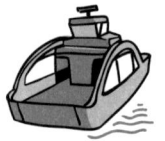

prāmis

veerboot

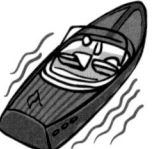

laiva

boot

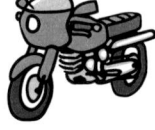

motocikls

motorfiets

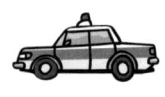

policijas automašīna

politiewagen

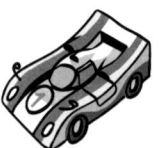

sacīkšu automobilis

raceauto

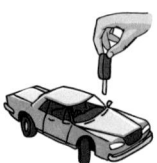

nomas auto

huurauto

auto koplietošana

carsharing

evakuators

takelwagen

atkritumu mašīna

vuilniswagen

dzinējs

motor

benzīns

benzine

degvielas uzpildes stacija

benzinepomp

ceļa zīme

verkeersbord

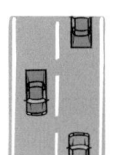

satiksme

verkeer

sastrēgums

file

stāvvieta

parkeerplaats

dzelzceļa stacija

station

sliedes

rails

vilciens

trein

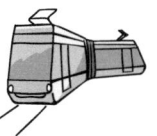

tramvajs

tram

vagons

wagon

helikopters

helikopter

lidosta

luchthaven

tornis

toren

pasažieris

passagier

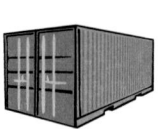

konteiners

container

kaste

verhuisdoos

ratiņi

kar

grozs

mand

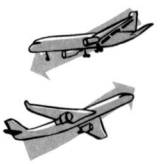

pacelties / nosēsties

opstijgen / landen

pilsēta

stad

ciems

dorp

pilsētas centrs

stadscentrum

māja

huis

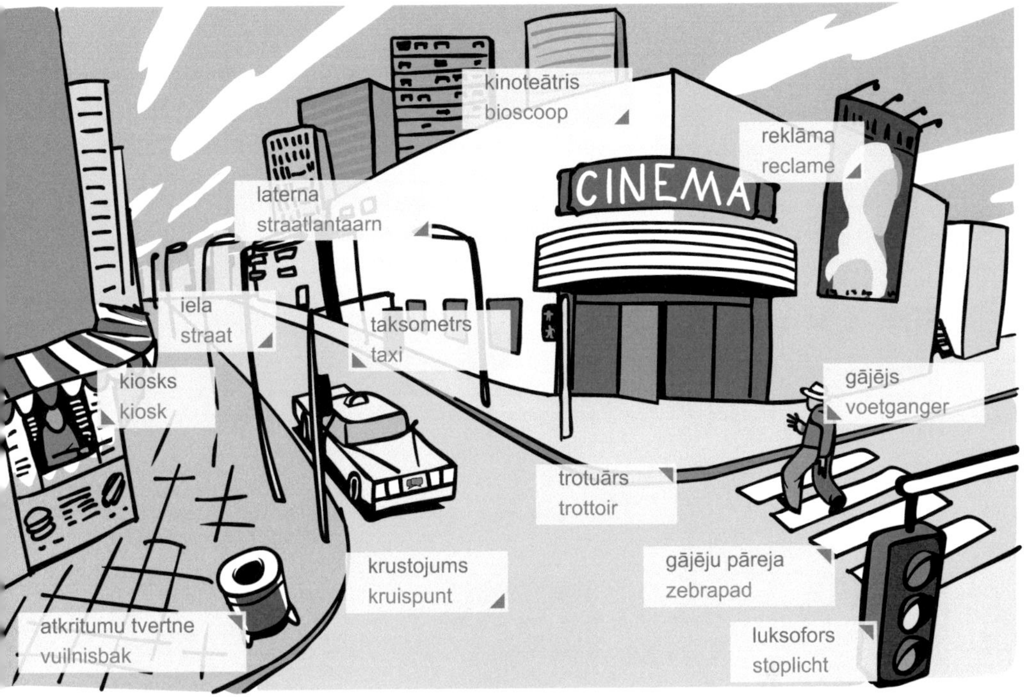

kinoteātris
bioscoop

reklāma
reclame

laterna
straatlantaarn

CINEMA

iela
straat

taksometrs
taxi

gājējs
voetganger

kiosks
kiosk

trotuārs
trottoir

krustojums
kruispunt

gājēju pāreja
zebrapad

atkritumu tvertne
vuilnisbak

luksofors
stoplicht

būda

hut

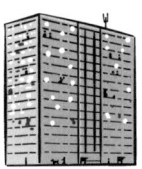

dzīvoklis

appartement

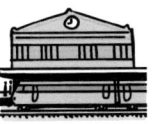

dzelzceļa stacija

station

rātsnams

stadhuis

muzejs

museum

skola

school

universitāte

universiteit

banka

bank

slimnīca

ziekenhuis

viesnīca

hotel

aptieka

apotheek

birojs

kantoor

grāmatnīca

boekenwinkel

veikals

winkel

ziedu veikals

bloemenwinkel

lielveikals

supermarkt

tirgus

markt

tirdzniecības centrs

warenhuis

zivju tirgotājs

visboer

tirdzniecības centrs

winkelcentrum

osta

haven

parks

park

sols

bank

tilts

brug

kāpnes

trap

metro

metro

tunelis

tunnel

autobusa pieturvieta

bushalte

bārs

bar

restorāns

restaurant

pastkastīte

brievenbus

ielas nosaukuma plāksne

straatnaambord

stāvlaika skaitītājs

parkeermeter

zooloģiskais dārzs

dierentuin

peldbaseins

zwembad

mošeja

moskee

zemnieku saimniecība

boerderij

vides piesārņojums

vervuiling

kapsēta

begraafplaats

baznīca

kerk

spēļu laukums

speelplaats

templis

tempel

ainava

landschap

lapa
blad

ceļrādis
wegwijzer

ceļš
weg

pļava
weide

akmens
steen

ceļotājs
wandelaar

koks
boom

upe
rivier

zāle
gras

puķe
bloem

ieleja

vallei

kalns

berg

ezers

meer

mežs

bos

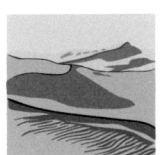

tuksnesis

woestijn

vulkāns

vulkaan

pils

kasteel

varavīksne

regenboog

sēne

paddenstoel

palma

palmboom

moskīts

mug

muša

vlieg

skudra

mier

bite

bij

zirneklis

spin

vabole

kever

varde

kikker

vāvere

eekhoorn

ezis

egel

zaķis

haas

pūce

uil

putns

vogel

gulbis

zwaan

meža cūka

wild zwijn

briedis

hert

alnis

eland

aizsprosts

stuwdam

vēja ģenerators

windmolen

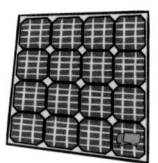

saules baterija

zonnepaneel

klimats

klimaat

restorāns
restaurant

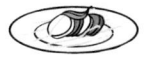

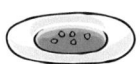

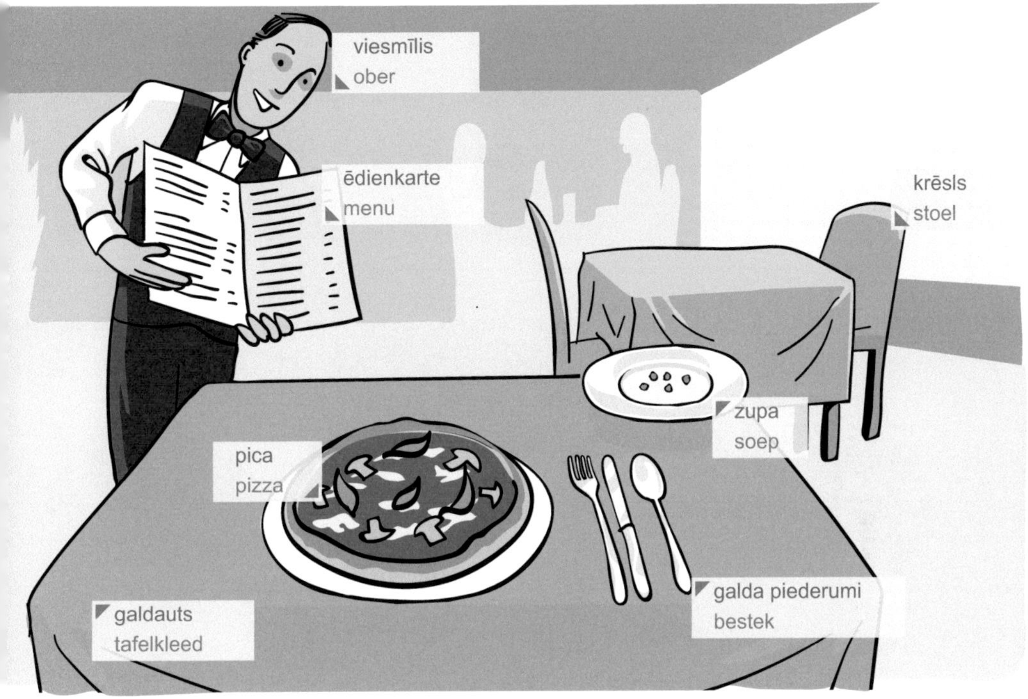

viesmīlis
ober
ēdienkarte
menu
krēsls
stoel
zupa
soep
pica
pizza
galda piederumi
bestek
galdauts
tafelkleed

uzkoda
voorgerecht

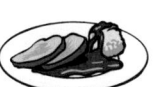

pamatēdiens
hoofdgerecht

deserts
toetje

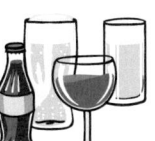

dzērieni
dranken

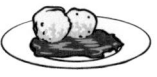

ēdiens
eten

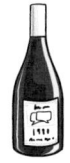

pudele
fles

ātrās uzkodas

fastfood

ielu uzkodas

eetkraampje

tējkanna

theepot

cukurtrauks

suikerpot

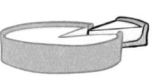

porcija

portie

espresso kafijas automāts

espressomachine

bāra krēsls

kinderstoel

rēķins

rekening

paplāte

dienblad

nazis

mes

dakša

vork

karote

lepel

tējkarote

theelepel

salvete

servet

glāze

glas

restorāns - restaurant

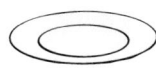

šķīvis

bord

zupas šķīvis

soepbord

apakštase

schotel

mērce

saus

sāls trauciņš

zoutvaatje

piparu dzirnaviņas

pepermolen

etiķis

azijn

eļļa

olie

garšvielas

kruiden

kečups

ketchup

sinepes

mosterd

majonēze

mayonaise

lielveikals
supermarkt

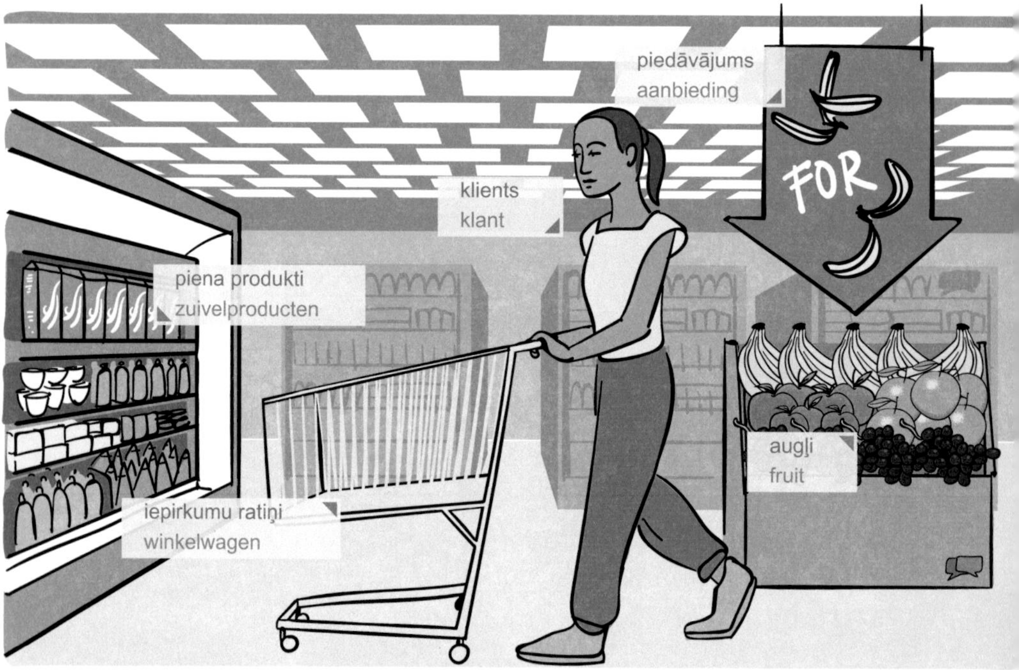
piedāvājums
aanbieding
klients
klant
FOR
piena produkti
zuivelproducten
augļi
fruit
iepirkumu ratiņi
winkelwagen

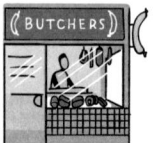

BUTCHERS

kautuve

slager

BAKERY

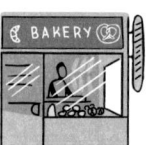

maizes veikals

bakkerij

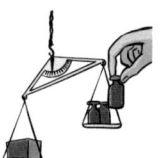

svērt

wegen

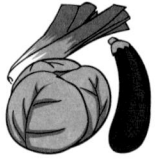

dārzeņi

groente

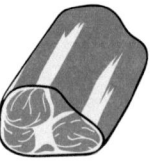

gaļa

vlees

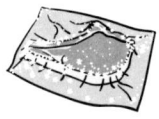

saldēti produkti

diepvriesproducten

aukstās gaļas uzkodas

vleeswaren

konservi

conserven

pulveris

wasmiddel

saldumi

snoepgoed

mājsaimniecības preces

huishoudelijke artikelen

tīrīšanas līdzeklis

schoonmaakmiddel

pārdevēja

verkoopster

kase

kassa

kasieris

kassier

iepirkumu saraksts

boodschappenlijstje

darba laiks

openingstijden

maks

portefeuille

kredītkarte

creditkaart

soma

tas

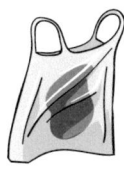

maisiņš

plastic zak

ūdens

water

sula

sap

piens

melk

kola

cola

vīns

wijn

alus

bier

alkohols

alcohol

kakao

chocolademelk

tēja

thee

kafija

koffie

espresso

espresso

kapučīno

cappuccino

banāns

banaan

ābols

appel

apelsīns

sinaasappel

melone

watermeloen

citrons

citroen

burkāns

wortel

ķiploks

knoflook

bambuss

bamboe

sīpols

ui

sēne

paddenstoel

rieksti

noten

makaroni

pasta

spageti

spaghetti

rīsi

rijst

salāti

salade

frī kartupeļi

friet

cepti kartupeļi

gebakken aardappelen

pica

pizza

hamburgers

hamburger

sviestmaize

sandwich

šnicele

schnitzel

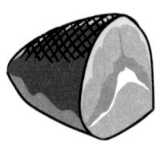

šķiņķis

ham

salami

salami

desa

worst

vista

kip

cepetis

gebraad

zivs

vis

auzu pārslas

havermout

muslis

muesli

brokastu pārslas

cornflakes

milti

meel

radziņš

croissant

brokastu maizītes

broodjes

maize

brood

tostermaize

toast

cepumi

koekjes

sviests

boter

biezpiens

kwark

kūka

taart

ola

ei

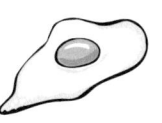

cepta ola

gebakken ei

siers

kaas

saldējums

ijs

cukurs

suiker

medus

honing

marmelāde

jam

riekstu krēms

chocoladepasta

karijs

kerrie

zemnieku saimniecība
boerderij

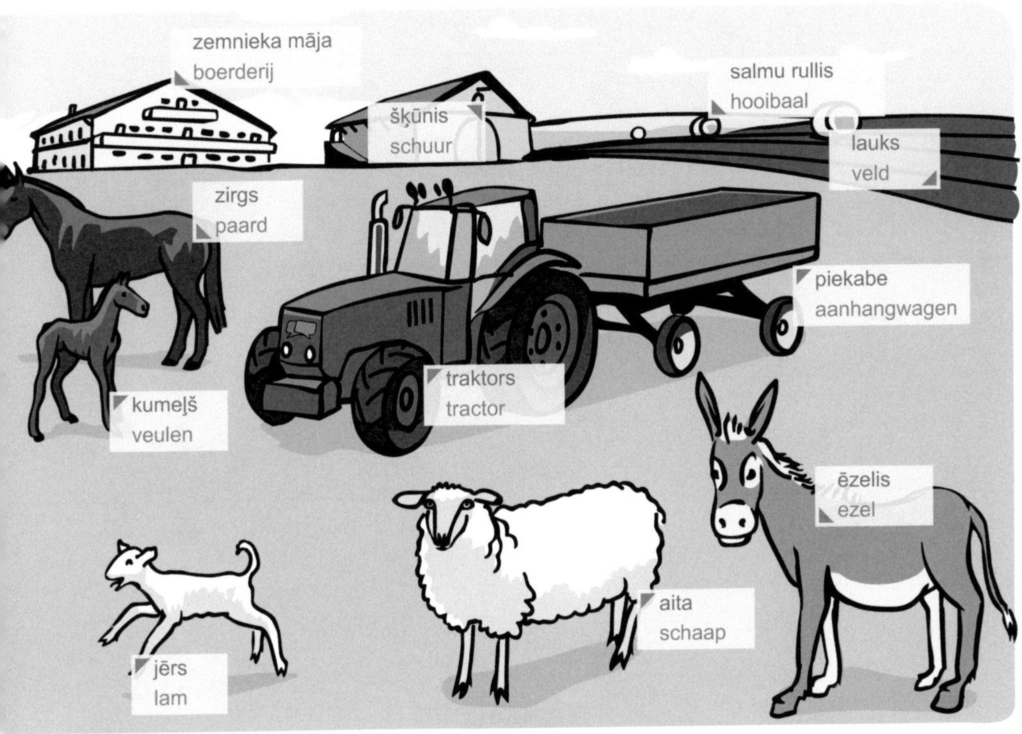
zemnieka māja
boerderij
šķūnis
schuur
salmu rullis
hooibaal
lauks
veld
zirgs
paard
piekabe
aanhangwagen
traktors
tractor
kumeļš
veulen
ēzelis
ezel
aita
schaap
jērs
lam

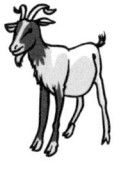

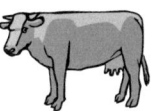

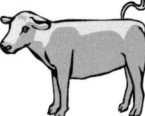

kaza

geit

govs

koe

teļš

kalf

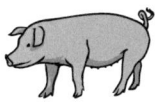

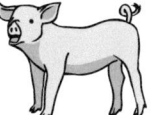

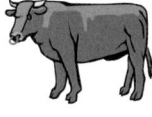

cūka

varken

sivēns

big

bullis

stier

zoss

gans

pīle

eend

cālis

kuiken

vista

kip

gailis

haan

žurka

rat

kaķis

kat

pele

muis

vērsis

os

suns

hond

suņa būda

hondenhok

dārza šļūtene

tuinslang

lejkanna

gieter

izkapts

zeis

arkls

ploeg

sirpis

sikkel

kaplis

schoffel

mēslu dakša

hooivork

cirvis

bijl

ķerra

kruiwagen

sile

trog

piena kanna

melkbus

maiss

zak

žogs

hek

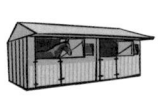

kūts

stal

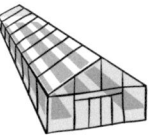

siltumnīca

broeikas

augsne

grond

sēklas

zaad

mēslojums

mest

kombains

maaidorser

novākt ražu
oogsten

raža
oogst

jamss
yam

kvieši
tarwe

soja
soja

kartupelis
aardappel

kukurūza
maïs

rapsis
koolzaad

augļu koks
fruitboom

manioka
maniok

labība
granen

māja
huis

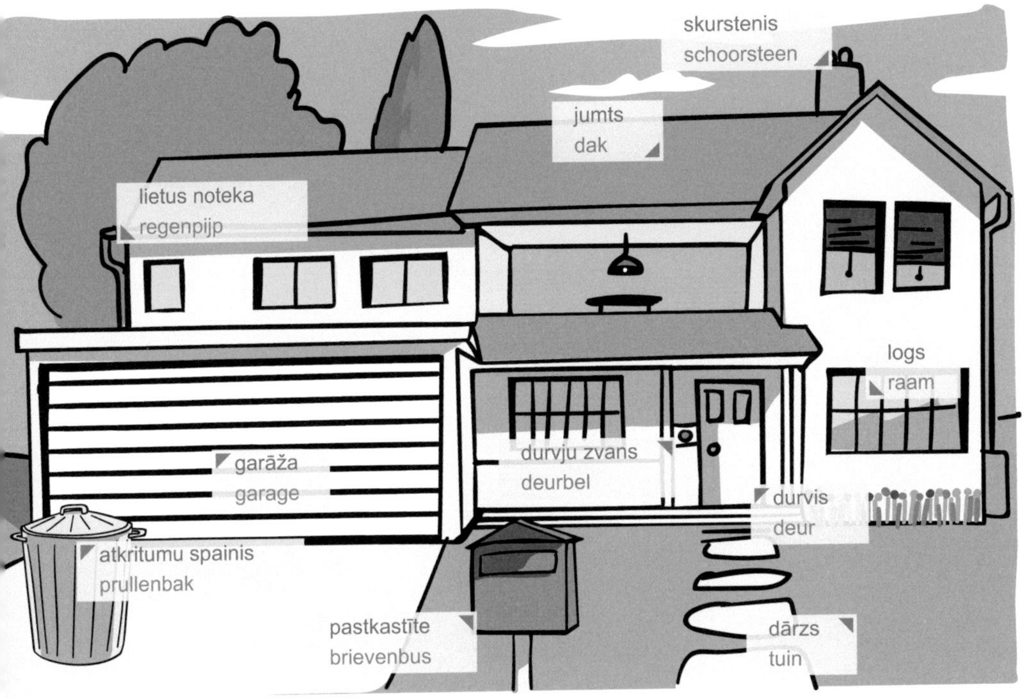
skurstenis
schoorsteen
jumts
dak
lietus noteka
regenpijp
logs
raam
garāža
garage
durvju zvans
deurbel
durvis
deur
atkritumu spainis
prullenbak
pastkastīte
brievenbus
dārzs
tuin

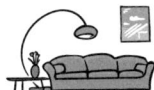

viesistaba

woonkamer

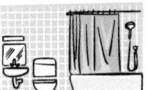

vannas istaba

badkamer

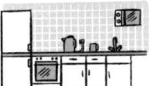

virtuve

keuken

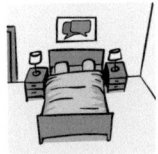

guļamistaba

slaapkamer

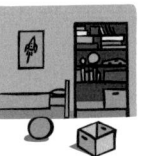

bērnu istaba

kinderkamer

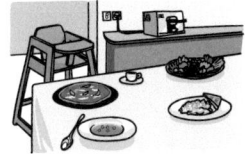

ēdamistaba

eetkamer

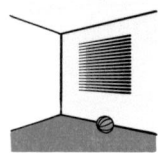

grīda
vloer

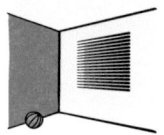

siena
muur

griesti
plafond

pagrabs
kelder

sauna
sauna

balkons
balkon

terase
terras

baseins
zwembad

zāles pļāvējs
grasmaaier

gultas veļa
laken

sega
bedsprei

gulta
bed

slota
bezem

spainis
emmer

slēdzis
schakelaar

viesistaba
woonkamer

tapetes
behang
attēls
foto
lampa
lamp
plaukts
plank
skapis
kast
televizors
televisie
kamīns
open haard
puķe
bloem
spilvens
kussen
dīvāns
bankstel
vāze
vaas
tālvadības pults
afstandsbediening

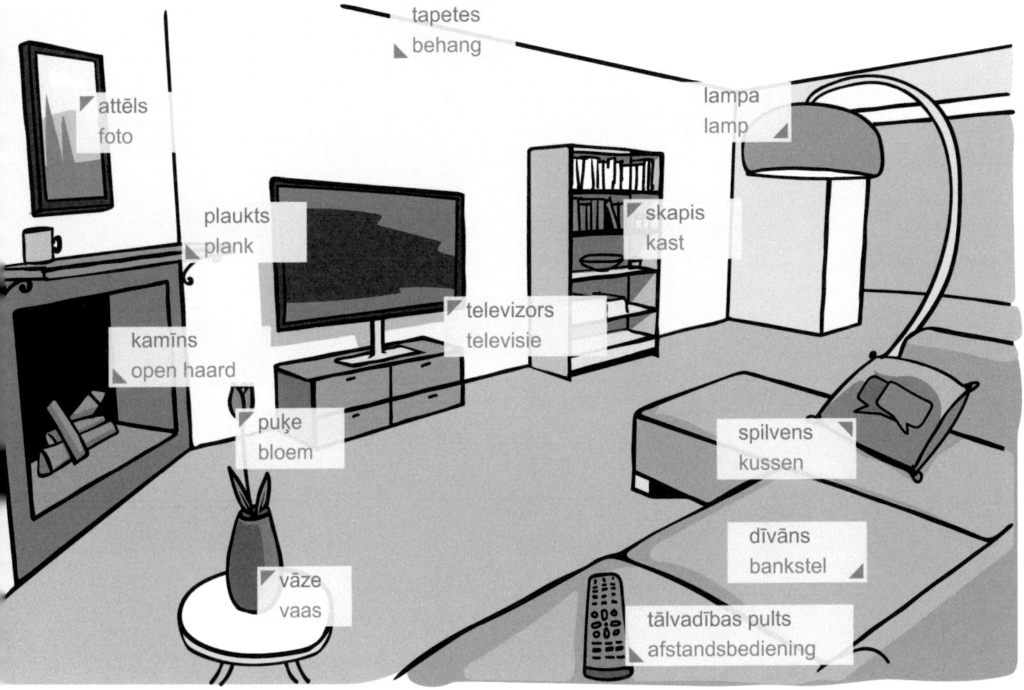

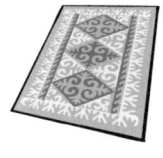

paklājs
tapijt

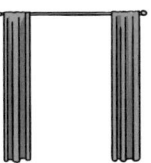

aizkars
gordijn

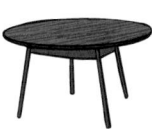

galds
tafel

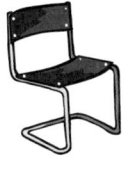

krēsls
stoel

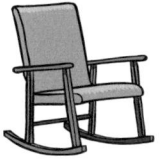

šūpuļkrēsls
schommelstoel

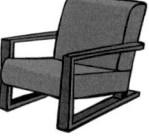

atpūtas krēsls
stoel

grāmata

boek

sega

deken

dekorācija

decoratie

malka

brandhout

filma

film

mūzikas centrs

stereo-installatie

atslēga

sleutel

avīze

krant

glezna

schilderij

plakāts

poster

radio

radio

pierakstu blociņš

kladblok

putekļu sūcējs

stofzuiger

kaktuss

cactus

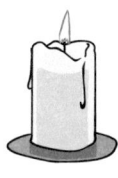

svece

kaars

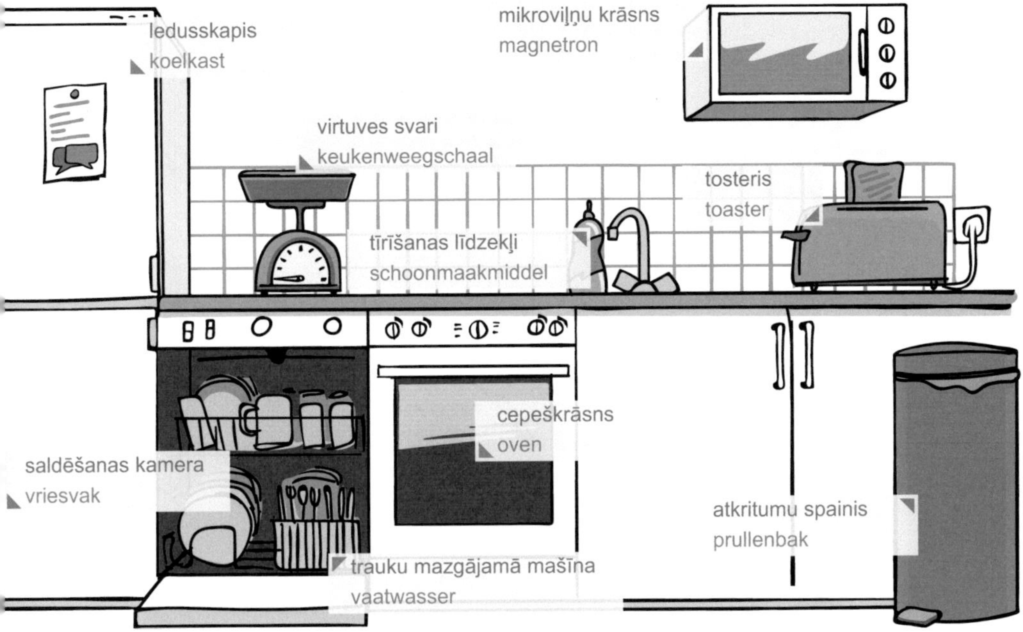

ledusskapis
koelkast

mikroviļņu krāsns
magnetron

virtuves svari
keukenweegschaal

tīrīšanas līdzekļi
schoonmaakmiddel

tosteris
toaster

cepeškrāsns
oven

saldēšanas kamera
vriesvak

atkritumu spainis
prullenbak

trauku mazgājamā mašīna
vaatwasser

plīts
fornuis

pods
pan

katls
gietijzeren pan

Wok panna
wok / kadai

panna
koekenpan

elektriskā tējkanna
ketel

tvaika katls

stoomkoker

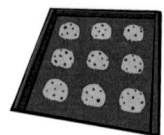

cepešpanna

bakplaat

trauki

servies

krūze

beker

bļoda

kom

irbulīši

eetstokjes

kauss

soeplepel

lāpstiņa

spatel

putošanas slotiņa

garde

sietiņš

vergiet

siets

zeef

rīve

rasp

piesta

vijzel

grilēt

barbecue

atklāts pavards

vuurhaard

dēlis

snijplank

mīklas rullis

deegroller

korķu viļķis

kurkentrekker

bundža

blik

konservu nazis

blikopener

virtuves cimdi

pannenlap

izlietne

wasbak

birste

borstel

sūklis

spons

mikseris

blender

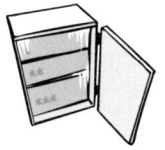

saldētava

vriezer

bērna pudelīte

babyflesje

ūdenskrāns

kraan

vannas istaba
badkamer

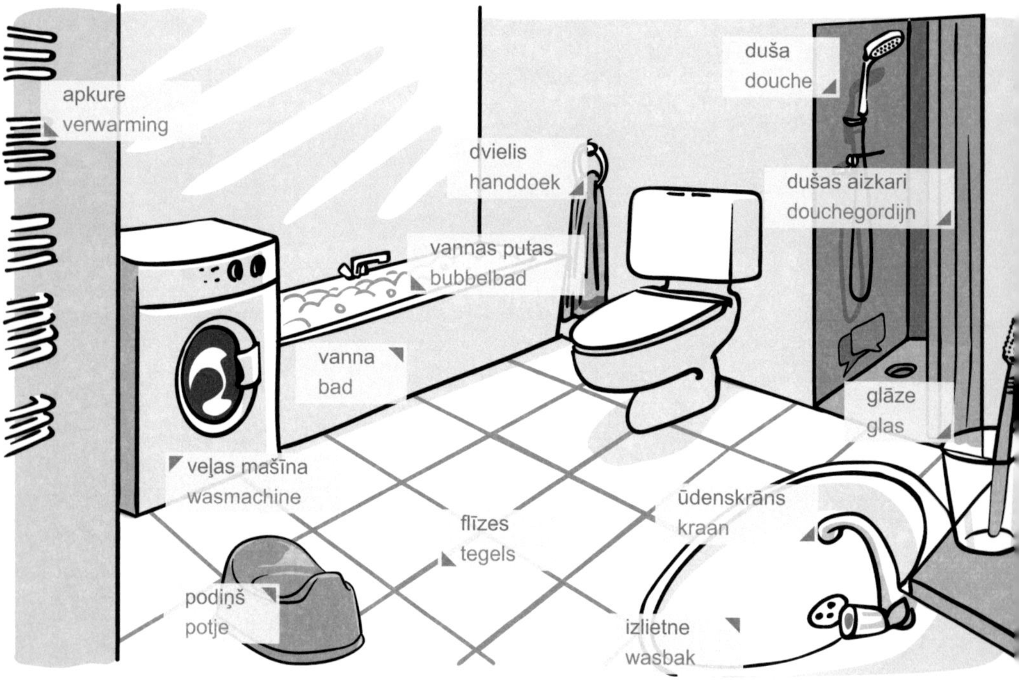

apkure
verwarming

duša
douche

dvielis
handdoek

dušas aizkari
douchegordijn

vannas putas
bubbelbad

vanna
bad

glāze
glas

veļas mašīna
wasmachine

ūdenskrāns
kraan

flīzes
tegels

podiņš
potje

izlietne
wasbak

tualetes pods
toilet

Āzijas tipa tualete
hurktoilet

bidē
bidet

pisuārs
urinoir

tualetes papīs
toiletpapier

tualetes birste
toiletborstel

zobu birste

tandenborstel

zobu pasta

tandpasta

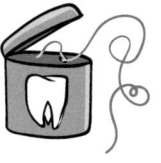

zobu diegs

flosdraad

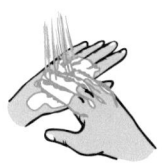

mazgāt

wassen

rokas duša

handdouche

duša

toiletdouche

bļoda

waskom

muguras mazgāšanas birste

rugborstel

ziepes

zeep

dušas želeja

douchegel

šampūns

shampoo

mazgāšanas drāna

washanje

noteka

afvoer

krēms

creme

dezodorants

deodorant

spogulis

spiegel

spogulītis

make-upspiegel

skuveklis

scheermes

skūšanās putas

scheerschuim

losjons pēc skūšanās

aftershave

ķemme

kam

matu suka

borstel

matu fēns

haardroger

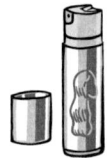

matu laka

haarspray

grima komplekts

make-up

lūpu krāsa

lippenstift

nagulaka

nagellak

vate

watten

šķērītes

nagelschaartje

smaržas

parfum

kosmētikas maks

toilettas

ķeblītis

kruk

svari

weegschaal

halāts

badjas

tīrīšanas cimdi

rubber handschoenen

tampons

tampon

pakete

maandverband

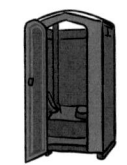

ķīmiskā tualete

chemisch toilet

bērnu istaba
kinderkamer

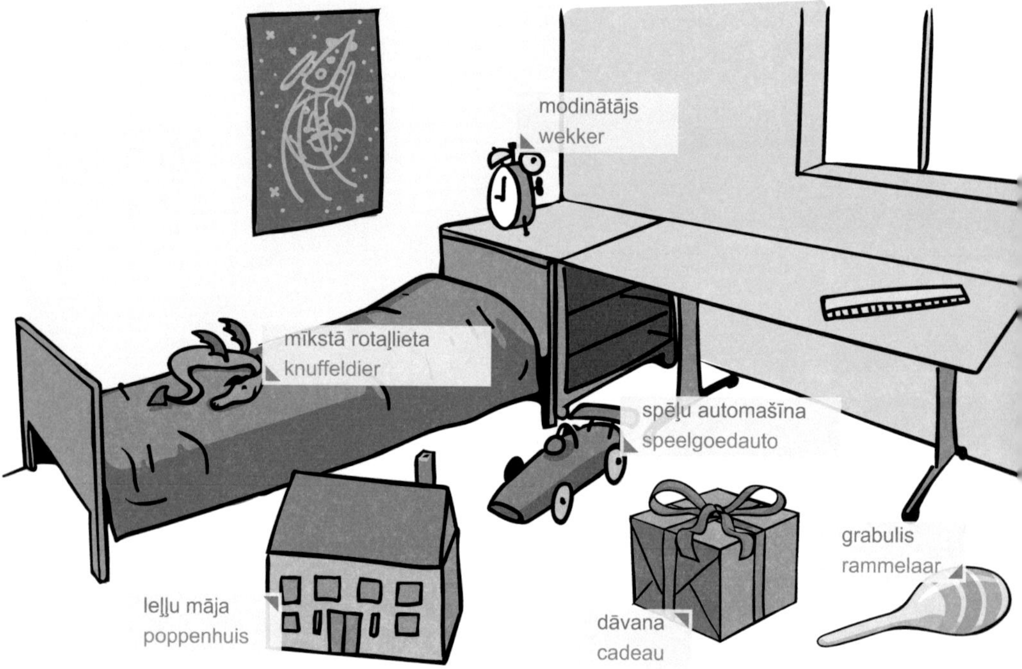
modinātājs
wekker
mīkstā rotaļlieta
knuffeldier
spēļu automašīna
speelgoedauto
grabulis
rammelaar
leļļu māja
poppenhuis
dāvana
cadeau

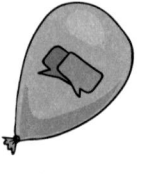

balons
ballon

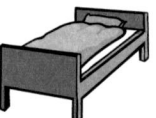

gulta
bed

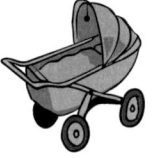

bērnu ratiņi
kinderwagen

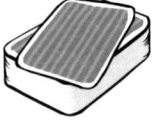

kārtis
kaartspel

puzle
puzzel

SUPER
MEGA

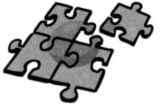

komikss
stripverhaal

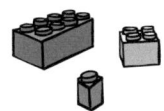

LEGO klucīši
legostenen

klucīši
speelgoedblokken

varoņu figūra
actiefiguurtje

rāpulītis
romper

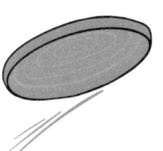

lidojošais šķīvītis
frisbee

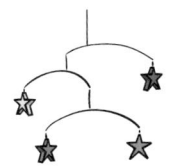

muzikālais karuselis
mobile

galda spēle
bordspel

metamais kauliņš
dobbelsteen

rotaļu dzelzceļš
modeltrein

māneklis
speen

ballīte
feestje

bilžu grāmata
prentenboek

bumba
bal

lelle
pop

spēlēt
spelen

smilšu kaste
zandbak

šūpoles
schommel

rotaļlietas
speelgoed

spēļu konsole
spelcomputer

trīsritenis
driewieler

plīša lācītis
teddybeer

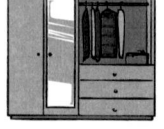

drēbju skapis
kleerkast

apģērbs
kleding

īszeķes
sokken

zeķes
kousen

zeķbikses
panty

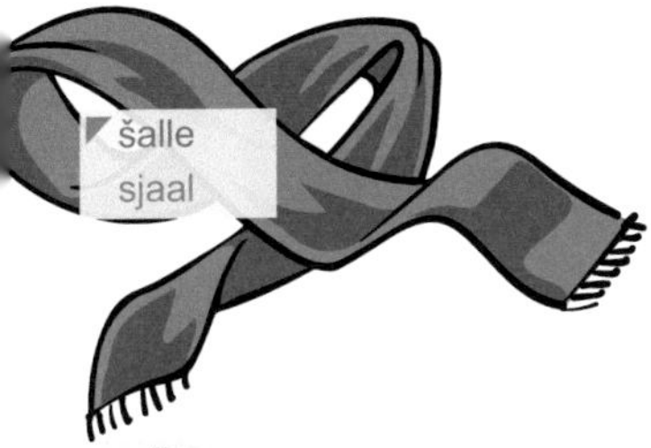

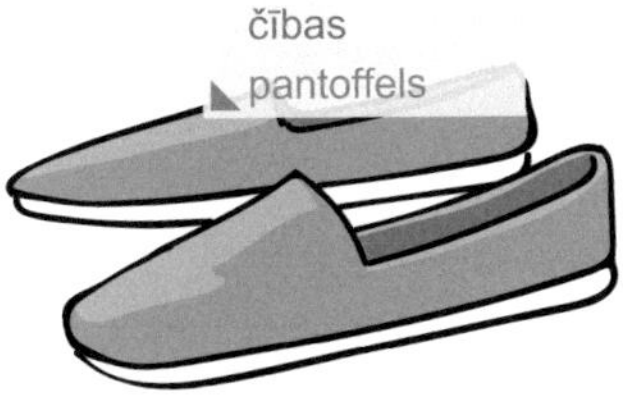

šalle
sjaal

siksna
riem

lietussargs
paraplu

T-krekls
T-shirt

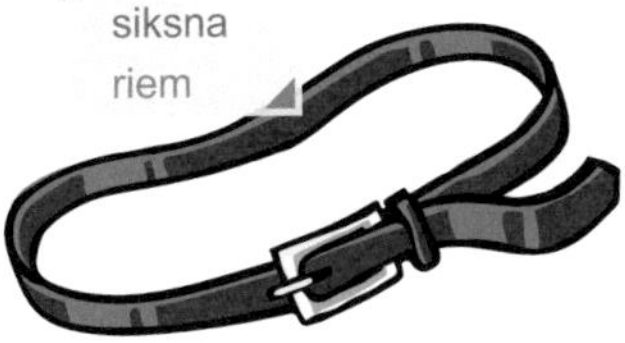

zābaks
laarzen

čības
pantoffels

botas
sportschoenen

sandales

sandalen

kurpes

schoenen

gumijas zābaki

rubberlaarzen

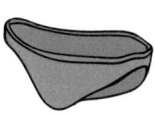

apakšbikses

onderbroek

krūšturis

beha

apakškrekls

onderhemd

bodijs

body

bikses

broek

džinsi

spijkerbroek

svārki

rok

blūze

blouse

krekls

overhemd

pulovers

trui

džemperis

hoody

žakete

blazer

jaka

jas

mētelis

mantel

lietus mētelis

regenjas

kostīms

kostuum

kleita

jurk

kāzu kleita

trouwjurk

uzvalks

pak

naktskrekls

nachthemd

pidžama

pyjama

sari

sari

lakats

hoofddoek

turbāns

tulband

burka

boerka

kaftāns

kaftan

abaja

abaja

peldkostīms

zwempak

peldbikses

zwembroek

šorti

korte broek

treniņtērps

trainingspak

priekšauts

schort

cimdi

handschoenen

poga

knoop

brilles

bril

rokassprādze

armband

kaklarota

ketting

gredzens

ring

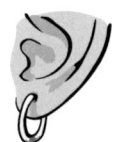

auskars

oorbel

cepure

pet

drēbju pakaramais

kledinghanger

platmale

hoed

kaklasaite

stropdas

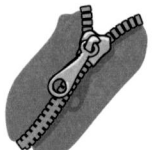

rāvējslēdzējs

rits

ķivere

helm

bikšturi

bretels

skolas forma

schooluniform

uniforma

uniform

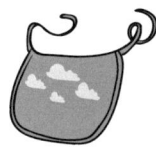

priekšautiņš

slabbetje

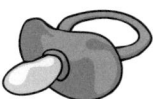

māneklis

speen

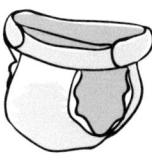

autiņbiksītes

luier

birojs

kantoor

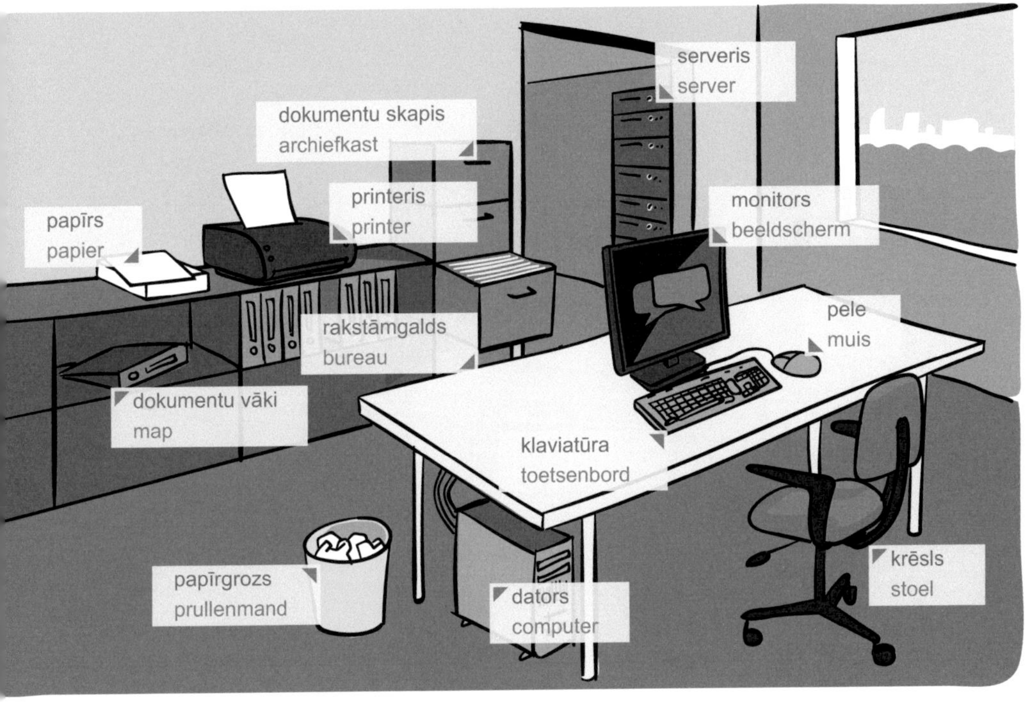
serveris
server
dokumentu skapis
archiefkast
printeris
printer
papīrs
papier
monitors
beeldscherm
pele
muis
rakstāmgalds
bureau
dokumentu vāki
map
klaviatūra
toetsenbord
krēsls
stoel
papīrgrozs
prullenmand
dators
computer

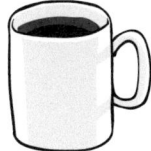

kafijas krūze

koffiemok

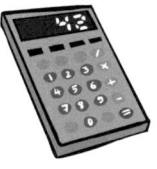

kalkulators

rekenmachine

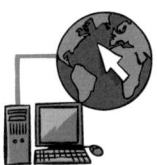

internets

internet

portatīvais dators

laptop

vēstule

brief

ziņa

bericht

mobilais tālrunis

mobiele telefoon

tīkls

netwerk

kopētājs

kopieermachine

programmatūra

software

telefons

telefoon

rozete

stopcontact

faksa aparāts

fax

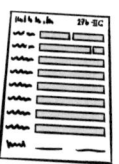

formulārs

formulier

dokuments

document

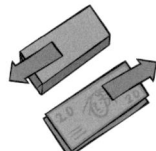

pirkt

kopen

samaksāt

betalen

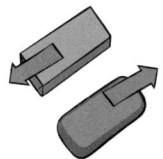

tirgot

handel drijven

nauda

geld

dolārs

dollar

eiro

euro

jēna

yen

rublis

roebel

franks

Zwitserse frank

juaņa renminbi

renminbi yuan

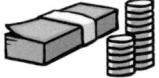

rūpija

roepie

bankomāts

geldautomaat

valūtas maiņas punkts

wisselkantoor

zelts

goud

sudrabs

zilver

nafta

olie

enerģija

energie

cena

prijs

līgums

contract

nodoklis

belasting

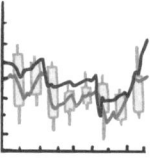

akcija

aandeel

strādāt

werken

darbinieks

werknemer

darba devējs

werkgever

fabrika

fabriek

veikals

winkel

ekonomika - economie

profesijas
beroepen

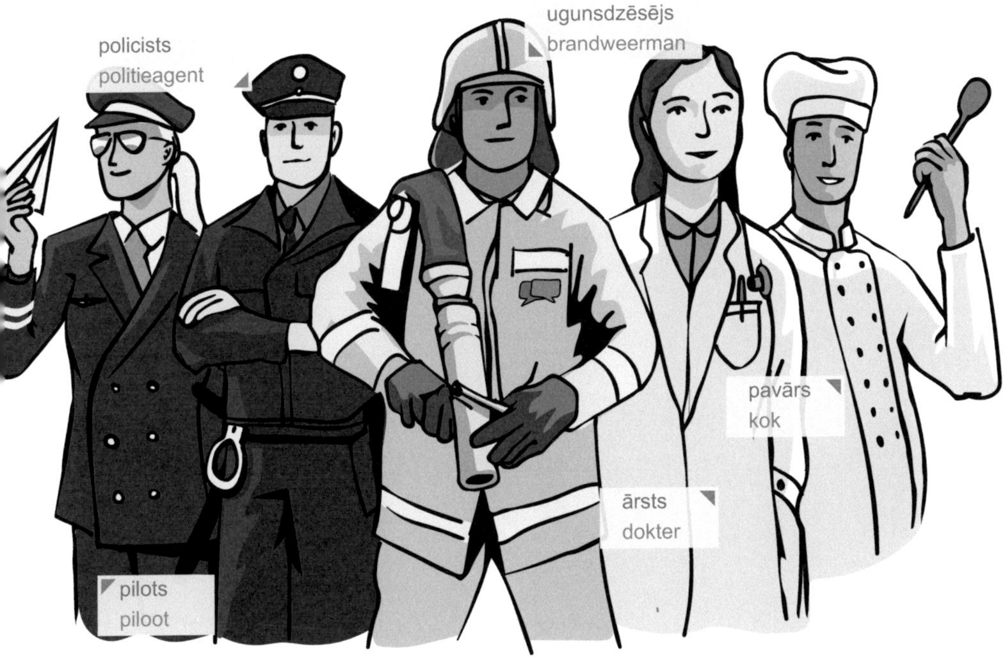

policists
politieagent
ugunsdzēsējs
brandweerman
pavārs
kok
ārsts
dokter
pilots
piloot

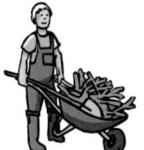

dārznieks

tuinman

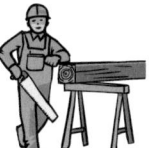

galdnieks

timmerman

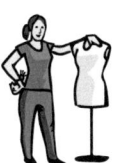

šuvēja

naaister

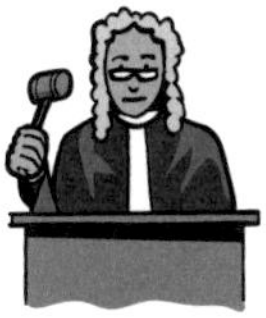

tiesnesis

rechter

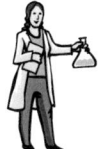

ķīmiķis

scheikundige

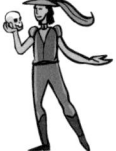

aktieris

toneelspeler

autobusa vadītājs

buschauffeur

taksometra vadītājs

taxichauffeur

zvejnieks

visser

apkopēja

schoonmaakster

jumiķis

dakdekker

viesmīlis

ober

mednieks

jager

gleznotājs

schilder

maiznieks

bakker

elektriķis

elektricien

celtnieks

bouwvakker

inženieris

ingenieur

miesnieks

slager

skārdnieks

loodgieter

pastnieks

postbode

karavīrs

soldaat

arhitekts

architect

kasieris

kassier

florists

bloemist

frizieris

kapper

konduktors

conducteur

mehāniķis

monteur

kapteinis

kapitein

zobārsts

tandarts

zinātnieks

wetenschapper

rabīns

rabbi

imāms

imam

mūks

monnik

mācītājs

pastoor

instrumenti
gereedschap

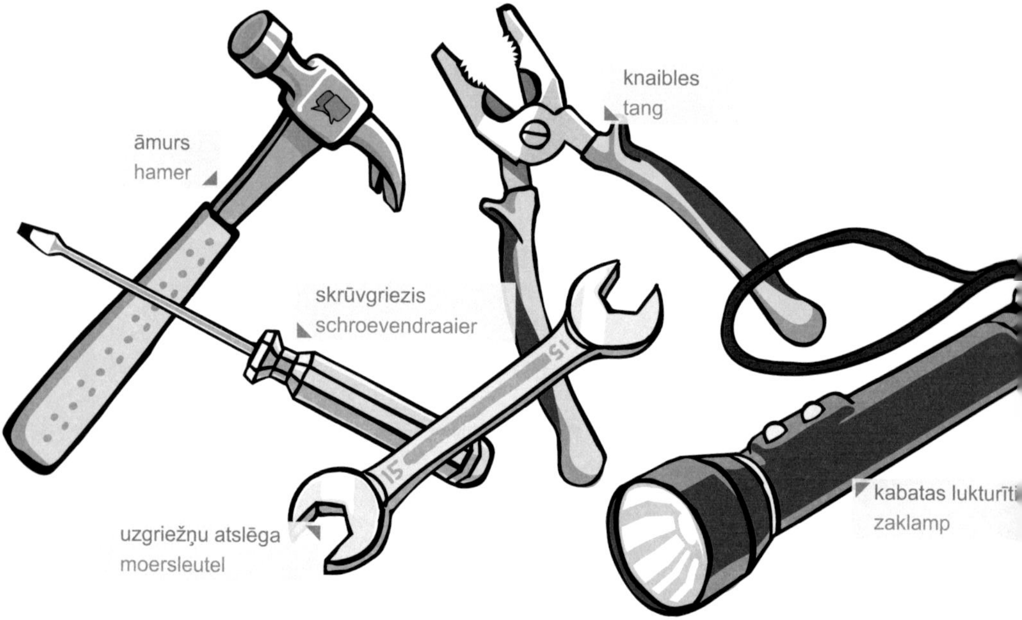
āmurs
hamer
knaibles
tang
skrūvgriezis
schroevendraaier
uzgriežņu atslēga
moersleutel
kabatas lukturīti
zaklamp

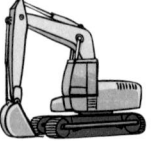

ekskavators

graafmachine

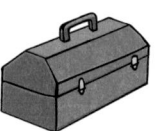

instrumentu kaste

gereedschapskist

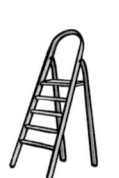

kāpnes

ladder

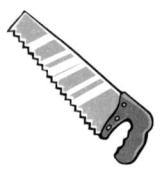

zāģis

zaag

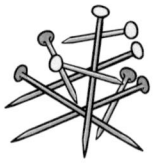

naglas

spijkers

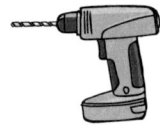

urbis

boor

remontēt

repareren

lāpsta

schep

Velns!

Verdorie!

liekšķere

stofblik

krāsas bundža

verfpot

skrūves

schroeven

mūzikas instrumenti
muziekinstrumenten

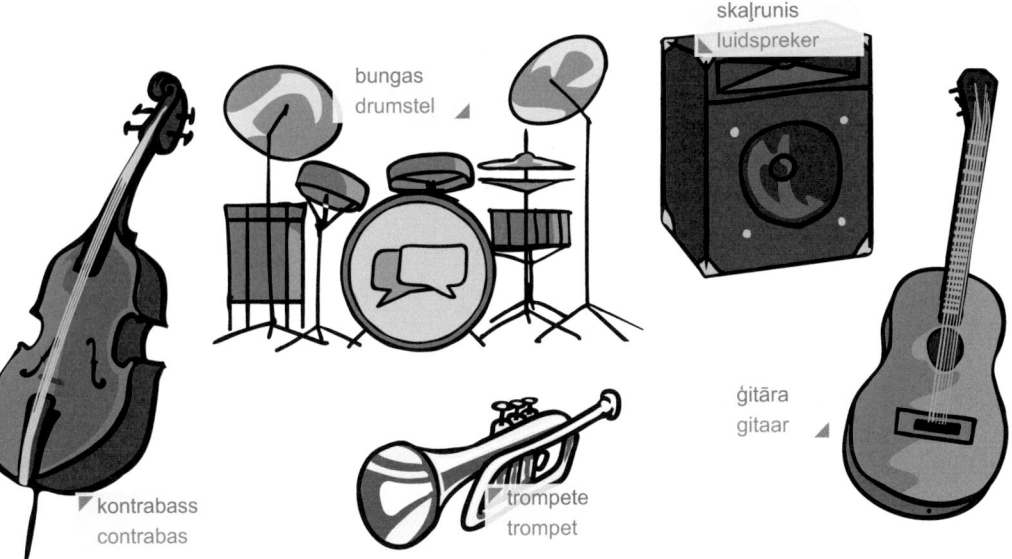

bungas
drumstel

skaļrunis
luidspreker

ģitāra
gitaar

kontrabass
contrabas

trompete
trompet

klavieres

piano

vijole

viool

bass

bas

timpāni

pauk

bungas

trommel

digitālās klavieres

keyboard

saksofons

saxofoon

flauta

fluit

mikrofons

microfoon

zooloģiskais dārzs

dierentuin

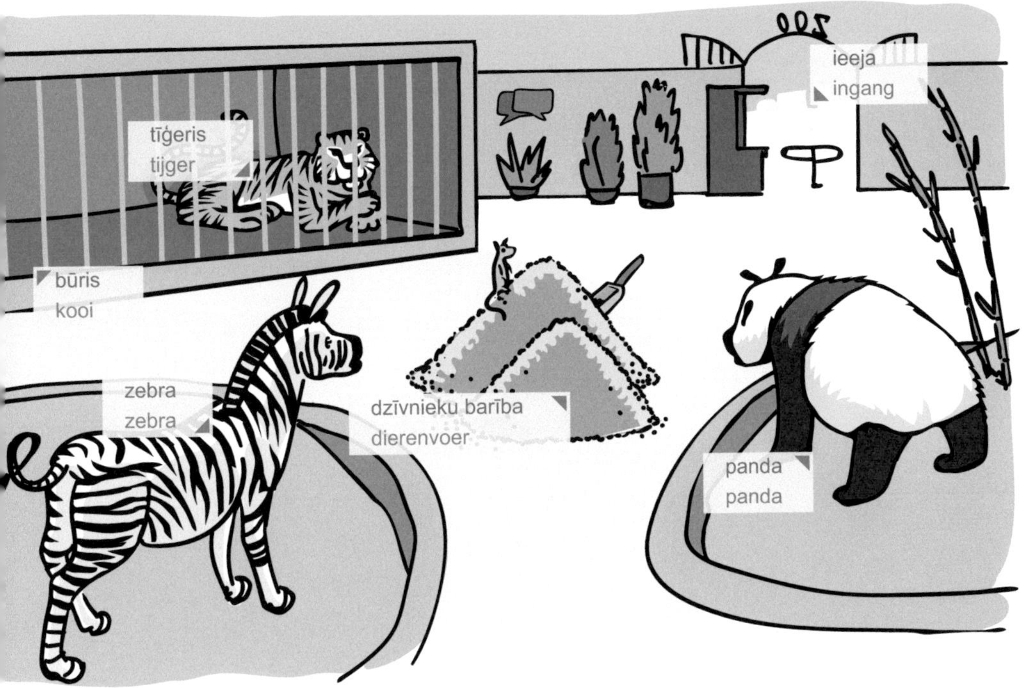

zoo
ieeja
ingang
tīģeris
tijger
būris
kooi
zebra
zebra
dzīvnieku barība
dierenvoer
panda
panda

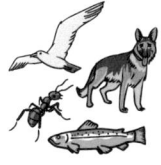

dzīvnieki

dieren

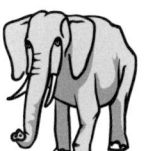

zilonis

olifant

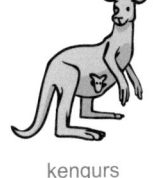

ķengurs

kangoeroe

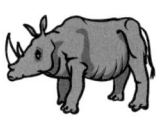

degunradzis

neushoorn

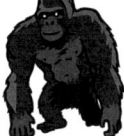

gorilla

gorilla

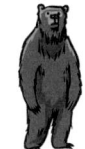

lācis

beer

kamielis
kameel

strauss
struisvogel

lauva
leeuw

pērtiķis
aap

flamings
flamingo

papagailis
papegaai

polārlācis
ijsbeer

pingvīns
pinguïn

haizivs
haai

pāvs
pauw

čūska
slang

krokodils
krokodil

zoodārza sargs
dierenverzorger

ronis
zeehond

jaguārs
jaguar

ponijs

pony

leopards

luipaard

nīlzirgs

nijlpaard

žirafe

giraffe

ērglis

adelaar

meža cūka

wild zwijn

zivs

vis

bruņurupucis

schildpad

valzirgs

walrus

lapsa

vos

gazele

gazelle

amerikāņu futbols
American football

riteņbraukšana
wielrennen

teniss
tennis

basketbols
basketbal

peldēšana
zwemmen

bokss
boksen

hokejs
ijshockey

futbols
voetbal

badmintons
badminton

vieglatlētika
atletiek

rokas bumba
handbal

slēpošana
skiën

polo
polo

darbības
activiteiten

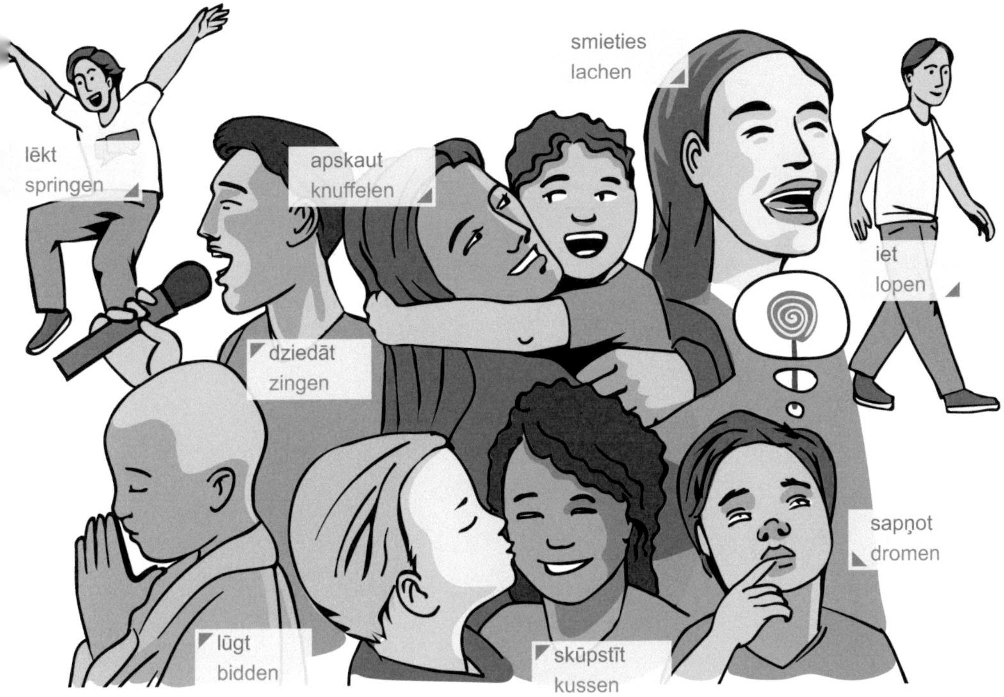

lēkt
springen
apskaut
knuffelen
smieties
lachen
iet
lopen
dziedāt
zingen
sapņot
dromen
lūgt
bidden
skūpstīt
kussen

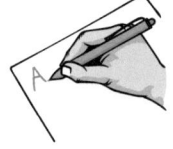

rakstīt	zīmēt	rādīt
schrijven	tekenen	tonen
spiest	dot	ņemt
duwen	geven	oppakken

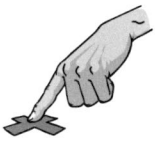

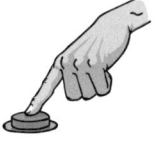

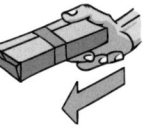

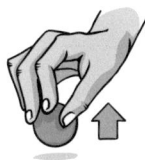

būt

hebben

darīt

doen

būt

zijn

stāvēt

staan

skriet

rennen

vilkt

trekken

mest

gooien

krist

vallen

gulēt

liggen

gaidīt

wachten

nest

dragen

sēdēt

zitten

uzģērbt

aankleden

gulēt

slapen

pamosties

wakker worden

skatīties

bekijken

raudāt

huilen

glāstīt

strelen

ķemmēt

kammen

runāt

praten

saprast

begrijpen

jautāt

vragen

dzirdēt

horen

dzert

drinken

ēst

eten

sakārtot

opruimen

mīlēt

houden van

vārīt

koken

braukt

rijden

lidot

vliegen

burot

zeilen

rēķināt

rekenen

lasīt

lezen

mācīties

leren

strādāt

werken

precēties

trouwen

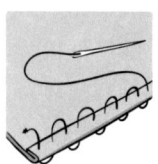

šūt

naaien

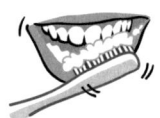

tīrīt zobus

tandenpoetsen

nogalināt

doden

smēķēt

roken

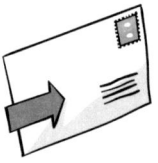

sūtīt

verzenden

vecāmāte
grootmoeder

vectēvs
grootvader

tēvs
vader

māte
moeder

mazulis
baby

meita
dochter

dēls
zoon

viesis

gast

tante

tante

onkulis

oom

brālis

broer

māsa

zus

ķermenis

lichaam

piere
voorhoofd
acs
oog
plecs
schouder
pirksts
vinger
seja
gezicht
zods
kin
roka
hand
kāja
been
krūtis
borst
roka
arm

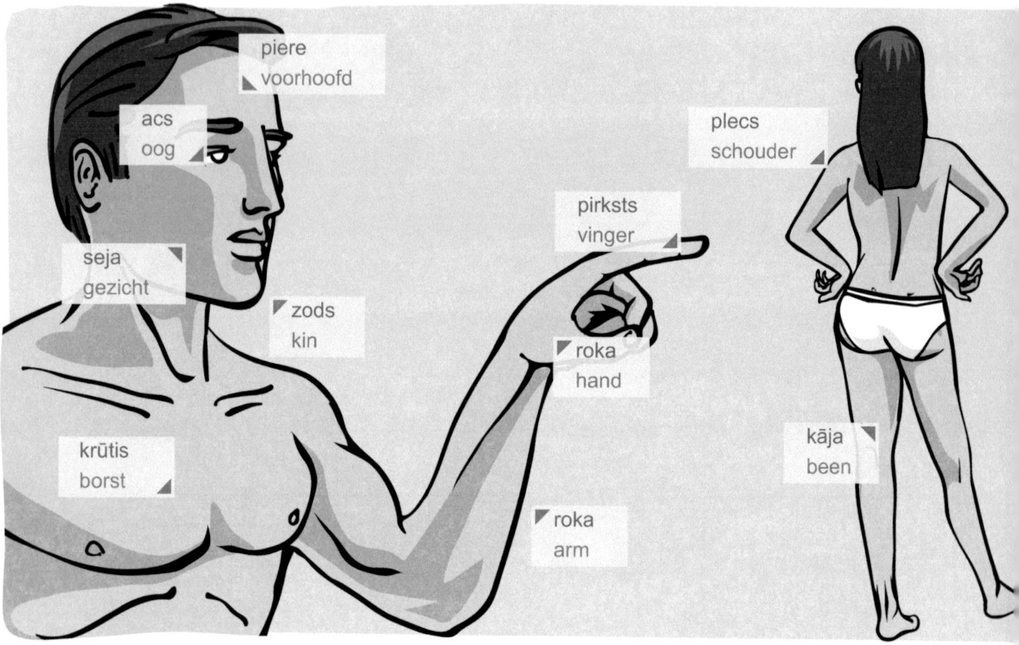

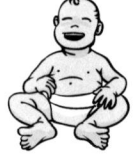

mazulis

baby

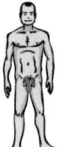

vīrietis

man

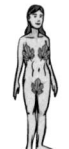

sieviete

vrouw

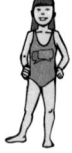

meitene

meisje

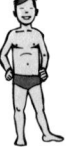

zēns

jongen

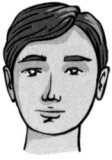

galva

hoofd

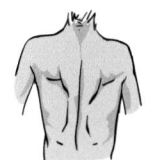

mugura

rug

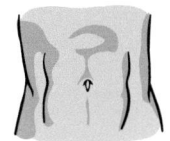

vēders

buik

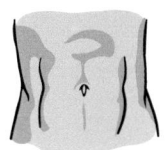

naba

navel

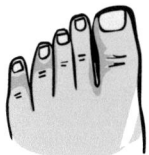

kājas pirksts

teen

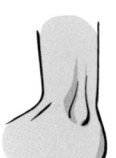

papēdis

hiel

kauls

bot

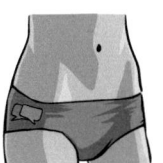

gurns

heup

celis

knie

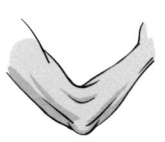

elkonis

elleboog

deguns

neus

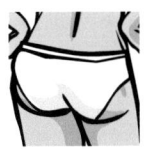

dibens

achterwerk

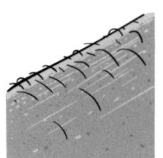

āda

huid

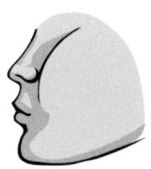

vaigs

wang

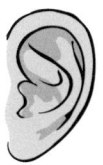

auss

oor

lūpa

lippen

mute

mond

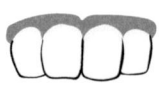

zobs

tand

mēle

tong

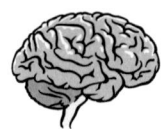

smadzenes

hersenen

sirds

hart

muskulis

spier

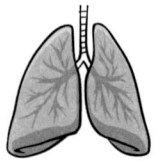

plaušas

long

aknas

lever

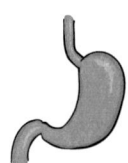

kuņģis

maag

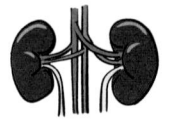

nieres

nieren

dzimumakts

geslachtsgemeenschap

kondoms

condoom

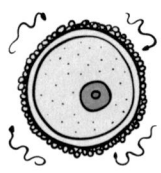

olšūna

eicel

sperma

sperma

grūtniecība

zwangerschap

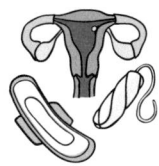

menstruācijas

menstruatie

vagīna

vagina

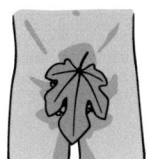

penis

penis

uzacs

wenkbrauw

mati

haar

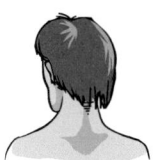

kakls

hals

slimnīca
ziekenhuis

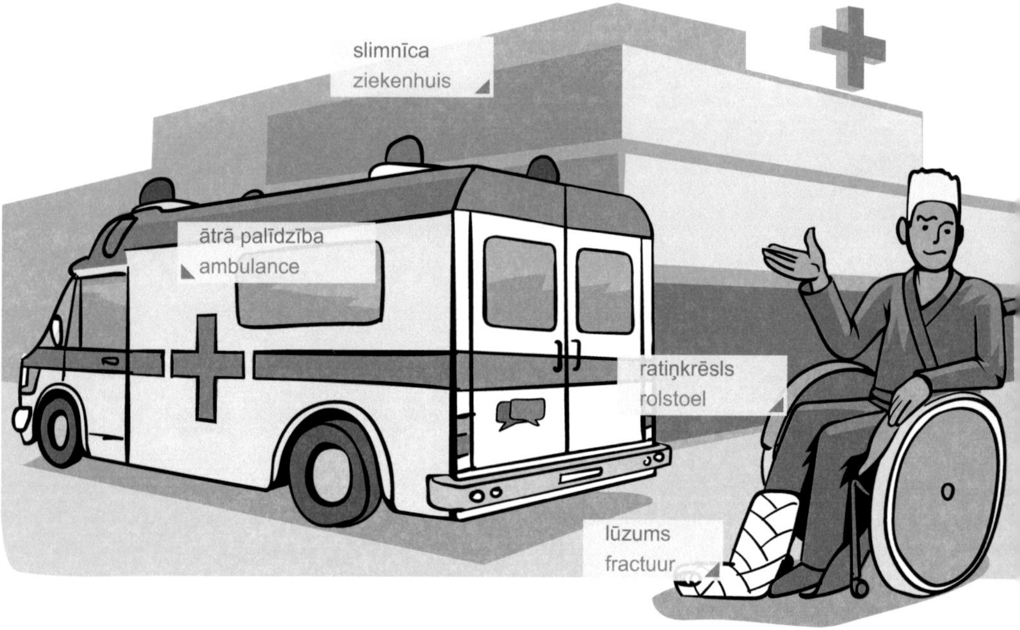

slimnīca
ziekenhuis
ātrā palīdzība
ambulance
ratiņkrēsls
rolstoel
lūzums
fractuur

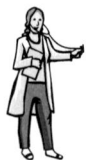

ārsts

dokter

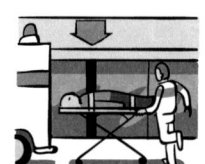

neatliekamās palīdzības nodaļa

EHBO

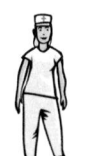

medmāsa

verpleegster

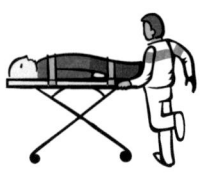

ārkārtas gadījums

noodgeval

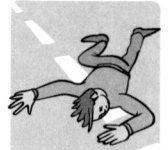

paģībis

bewusteloos

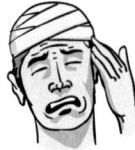

sāpes

pijn

ievainojums

verwonding

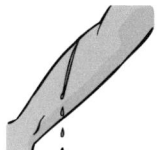

asiņošana

bloeding

sirdslēkme

hartaanval

insults

beroerte

alerģija

allergie

klepus

hoest

temperatūra

koorts

gripa

griep

caureja

diarree

galvassāpes

hoofdpijn

vēzis

kanker

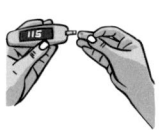

diabēts

diabetes

ķirurgs

chirurg

skalpelis

scalpel

operācija

operatie

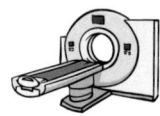

datortomogrāfija

CT

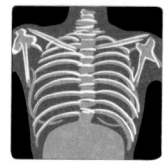

rentgents

röntgen

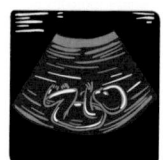

ultraskaņa

echografie

sejas maska

gezichtsmasker

slimība

ziekte

uzgaidāmā telpa

wachtkamer

kruķis

kruk

plāksteris

pleister

apsējs

verband

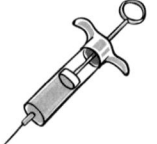

injekcija

injectie

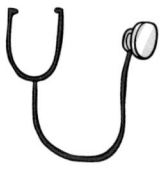

stetoskops

stethoscoop

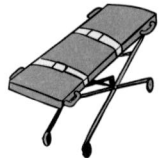

nestuves

brancard

termometrs

thermometer

dzemdības

geboorte

liekais svars

overgewicht

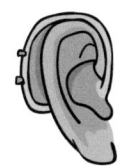

dzirdes aparāts

gehoorapparaat

dezinfekcijas līdzeklis

ontsmettingsmiddel

infekcija

infectie

vīruss

virus

HIV / AIDS

HIV / AIDS

zāles

medicijn

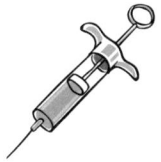

pote

inenting

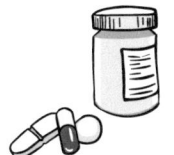

tabletes

tabletten

pretapaugļošanās tablete

pil

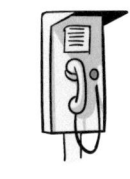

ārkārtas izsaukums

alarmnummer

asinsspiediena mērītājs

bloeddrukmeter

slims / vesels

ziek / gezond

Palīgā!

Help!

trauksme

alarm

uzbrukums

overval

uzbrukums

aanval

bīstamība

gevaar

avārijas izeja

nooduitgang

Uguns!

Brand!

ugunsdzēšamais aparāts

brandblusser

negadījums

ongeluk

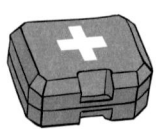

pirmās palīdzības aptieciņa

EHBO-koffer

SOS

SOS

policija

politie

Eiropa

Europa

Ziemeļamerika

Noord-Amerika

Dienvidamerika

Zuid-Amerika

Āfrika

Afrika

Āzija

Azië

Austrālija

Australië

Atlantijas okeāns

Atlantische Oceaan

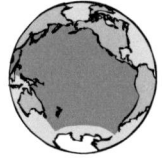

Klusais okeāns

Stille Oceaan

Indijas okeāns

Indische Oceaan

Dienvidu okeāns

Zuidelijke Oceaan

Ziemeļu ledus okeāns

Noordelijke IJszee

Ziemeļpols

Noordpool

Dienvidpols

Zuidpool

Antarktika

Antarctica

zeme

aarde

zeme

land

jūra

zee

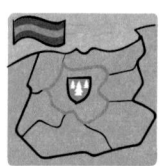

sala

eiland

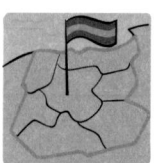

nācija

natie

valsts

staat

ciparnīca

wijzerplaat

stundu rādītājs

uurwijzer

minūšu rādītājs

minutenwijzer

sekunžu rādītājs

secondewijzer

Cik ir pulkstenis?

Hoe laat is het?

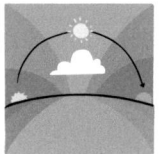

diena

dag

laiks

tijd

tagad

nu

digitālais pulkstenis

digitaal horloge

minūte

minuut

stunda

uur

nedēļa
week

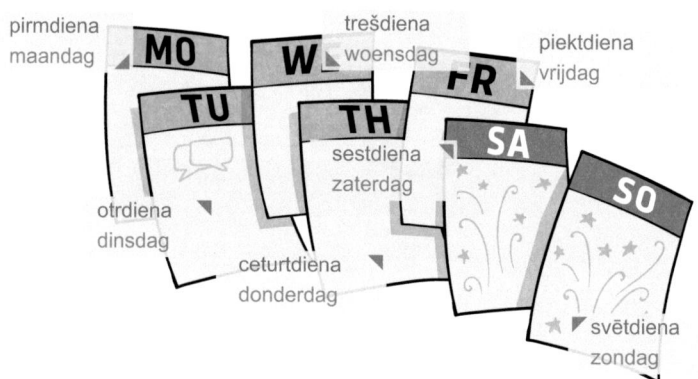

pirmdiena
maandag

otrdiena
dinsdag

trešdiena
woensdag

ceturtdiena
donderdag

sestdiena
zaterdag

piektdiena
vrijdag

svētdiena
zondag

vakardien

gisteren

šodien

vandaag

rītdien

morgen

rīts

ochtend

pusdienlaiks

middag

vakars

avond

darbadienas

werkdagen

brīvdienas

weekend

varavīksne
regenboog

lietus
regen

sniegs
sneeuw

vējš
wind

pavasaris
voorjaar

rudens
herfst

vasara
zomer

ziema
winter

4.APRIL	11°	☀
5.APRIL	4°	
6.APRIL	13°	
7.APRIL	8°	☀
8.APRIL	10°	☀

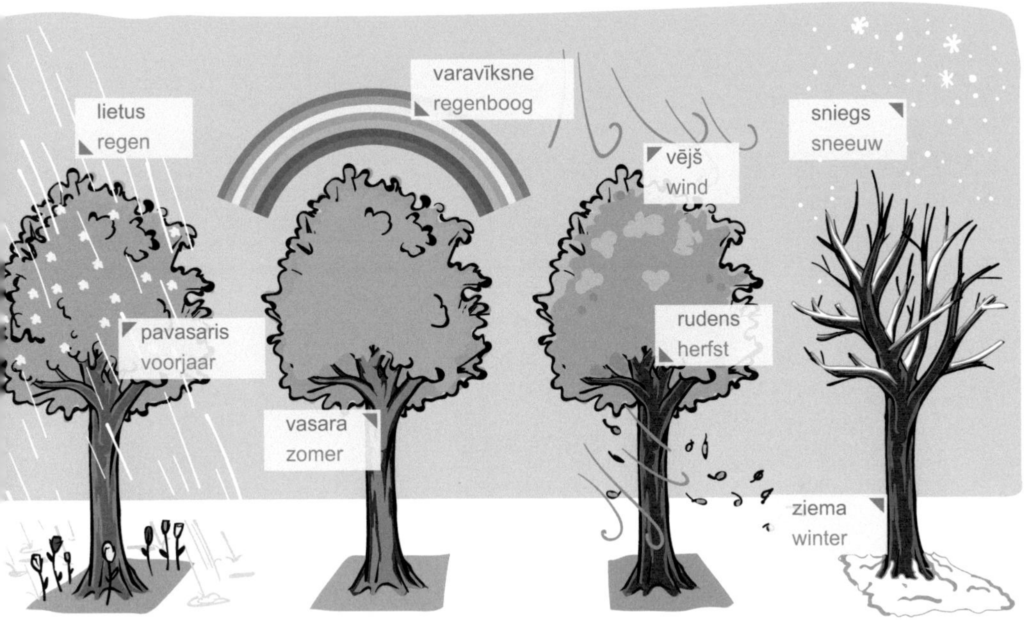

laika prognoze

weerbericht

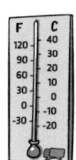

termometrs

thermometer

saules gaisma

zonneschijn

mākonis

wolk

migla

mist

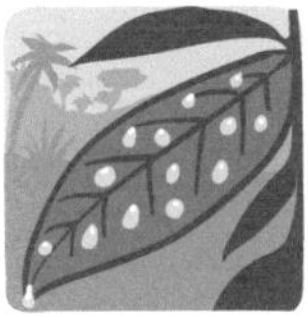

gaisa mitrums

luchtvochtigheid

zibens

bliksem

pērkons

donder

vētra

storm

krusa

hagel

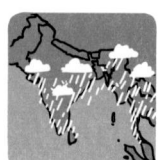

musons

moesson

plūdi

overstroming

ledus

ijs

janvāris

januari

februāris

februari

marts

maart

aprīlis

april

maijs

mei

jūnijs

juni

jūlijs

juli

augusts

augustus

82   gads - jaar

septembris
september

oktobris
oktober

novembris
november

decembris
december

formas
vormen

aplis
cirkel

kvadrāts
vierkant

četrstūris
rechthoek

trīsstūris
driehoek

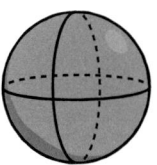

lode
bol

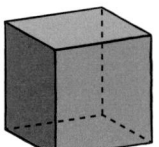

kubs
kubus

balts

wit

dzeltens

geel

oranžs

oranje

sārts

roze

sarkans

rood

lillā

paars

zils

blauw

zaļš

groen

brūns

bruin

pelēks

grijs

melns

zwart

daudz / maz

veel / weinig

saniknots / miermīlīgs

boos / rustig

skaists / neglīts

mooi / lelijk

sākums / beigas

begin / einde

liels / mazs

groot / klein

gaišs / tumšs

licht / donker

brālis / māsa

broer / zus

tīrs / netīrs

schoon / vies

pilnīgs / nepilnīgs

volledig / onvolledig

diena / nakts

dag/ nacht

miris / dzīvs

dood / levend

plats / šaurs

breed / smal

baudāms / nebaudāms

eetbaar / oneetbaar

nikns / laipns

gemeen / aardig

satraukts / garlaikots

opgewonden / verveeld

resns / tievs

dik / dun

pirmais /pēdējais

eerste / laatste

draugs / ienaidnieks

vriend / vijand

pilns / tukšs

vol / leeg

ciets / mīksts

hard / zacht

smags / viegls

zwaar / licht

izsalkums / slāpes

honger / dorst

slims / vesels

ziek / gezond

nelegāls / legāls

illegaal / legaal

inteliģents / dumjš

intelligent / dom

kreisais / labais

links / rechts

tuvu / tālu

dichtbij / ver

jauns / lietots

nieuw / gebruikt

nekas / kaut kas

niets / iets

vecs / jauns

oud / jong

ieslēgts / izslēgts

aan / uit

atvērts / slēgts

open / gesloten

kluss / skaļš

zacht / luid

bagāts / nabags

rijk / arm

pareizi / nepareizi

goed / fout

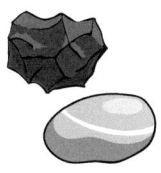

raupjš / gluds

ruw / glad

noskumis / laimīgs

verdrietig / gelukkig

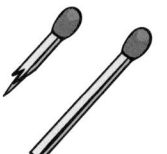

īss / garš

kort / lang

lēns / ātrs

langzaam / snel

slapjš / sauss

nat / droog

silts / vēss

warm / koel

karš / miers

oorlog / vrede

0

nulle

nul

1

viens

één

2

divi

twee

3

trīs

drie

4

četri

vier

5

pieci

vijf

6

seši

zes

7

septiņi

zeven

8

astoņi

acht

9

deviņi

negen

10

desmit

tien

11

vienpadsmit

elf

12

divpadsmit

twaalf

13

trīspadsmit

dertien

14

četrpadsmit

veertien

15

piecpadsmit

vijftien

16

sešpadsmit

zestien

17

septiņpadsmit

zeventien

18

astoņpadsmit

achttien

19

deviņpadsmit

negentien

20

divdesmit

twintig

100

simts

honderd

1.000

tūkstotis

duizend

1.000.000

miljons

miljoen

angļu

Engels

amerikāņu angļu

Amerikaans Engels

ķīniešu mandarīnu valoda

Chinees Mandarijn

hindi

Hindi

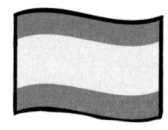

spāņu

Spaans

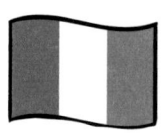

franču

Frans

arābu

Arabisch

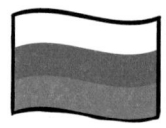

krievu

Russisch

portugāļu

Portugees

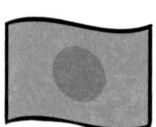

bengāļu

Bengalees

vācu

Duits

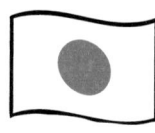

japāņu

Japans

es
ik

tu
jij

viņš / viņa
hij / zij / het

mēs
wij

jūs
jullie

viņi / viņas
zij

kas?
wie?

ko?
wat?

kā?
hoe?

kur?
waar?

kad?
wanneer?

vārds
naam

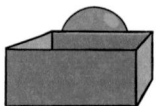

aiz

achter

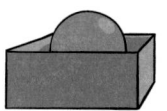

iekšā

in

priekšā

voor

virs

boven

uz

op

zem

onder

blakus

naast

starp

tussen

vieta

plaats